PUBLIC LIBRARY, DISTRICT OF COLUMBIA

PUBLIC LIBRARY, DISTRICT OF COLUMBIA

# GILES LAROCHE

# ¿QUÉ HAY DENTRO?

## Construcciones fascinantes alrededor del mundo

**EJ**

EDITORIAL JUVENTUD
Barcelona

Al final de un largo corredor subterráneo, un arqueólogo abre una puerta sellada. Esa puerta, que conduce a una sucesión de cámaras secretas, no ha sido abierta desde hace casi tres mil años.

# ¿QUÉ HAY DENTRO?

**NOMBRE:**
Tumba
de Tutankamón

**UBICACIÓN:**
Valle de los Reyes,
río Nilo, Tebas, Egipto

**FECHA DE
CONSTRUCCIÓN:**
1327 a.C.

**PROFUNDIDAD:**
4 cámaras de 2,5 a
3 metros de altura,
enterradas a unos
8 metros bajo tierra

**MATERIALES:**
Excavada en la ladera
de una colina de
piedra calcárea

**ACTUALMENTE:**
Pueden verse los
tesoros de la tumba
en el Museo
Egipcio en
El Cairo

**CURIOSIDAD:**
Unas cajas selladas
encontradas en la
tumba contenían
pasas, dátiles
y otros frutos secos,
semillas de sandía,
pasteles, pan,
cereales,
cebollas y carne

En 1922, el arqueólogo Howard Carter descubrió la tumba del rey Tutankamón, situada en unas criptas subterráneas que lo habían conservado todo intacto durante siglos. La única entrada estaba oculta y sellada para impedir los robos. Entre los tesoros se encontraron el sarcófago con la momia del rey, un busto de madera policromada, arcones y carros de oro y plata, sillas, e incluso comida. Los antiguos egipcios creían en la vida después de la muerte y proveían a sus muertos de todas las necesidades y lujos para la otra vida. Tutankamón fue faraón de Egipto desde los nueve años hasta que murió, a los diecinueve.

La tumba del rey Tutankamón está oculta bajo tierra, pero este edificio pintado de colores vivos fue construido en la cima de una colina de una ciudad para que pudiera ser visto por todos. Unas monumentales hileras de columnas dóricas sostienen los frontones triangulares en las dos fachadas y rodean un santuario dedicado a una diosa con el mismo nombre de la ciudad.

# ¿QUÉ HAY DENTRO?

**NOMBRE:**
El Partenón o Templo de Atenea Polias

**UBICACIÓN:**
Acrópolis de Atenas, Grecia

**FECHA DE CONSTRUCCIÓN:**
447-438 a.C.
Muy dañada por una explosión en 1687

**ALTURA:**
18 metros de altura, 150 metros sobre el nivel del mar Egeo. Las 46 columnas de mármol miden 10,5 metros de altura, la estatua de Atenea unos 12 metros

**MATERIALES:**
Mármol pentélico; madera y terracota para el techo

**ARQUITECTOS:**
Ictinos y Calícrates bajo la dirección de Pericles

**ESCULTOR:**
Fidias

**ACTUALMENTE:**
La restauración del templo continúa. Los nuevos bloques de mármol se distinguen de los originales por su color. La estatua de Atenea desapareció en la época romana, pero hay una pequeña réplica expuesta en el Museo Arqueológico de Atenas

**CURIOSIDAD:**
Originalmente, el Partenón estaba pintado en tonos azules, ocres y dorados

Una colosal estatua de marfil y oro de la diosa Atenea se yergue en el interior del templo erigido para venerarla. Según la mitología griega, Atenea creó el primer olivo y lo obsequió a esta importante ciudad griega, proporcionándole comida y luz a partir del aceite de oliva. En señal de agradecimiento, dieron a su ciudad el nombre de la diosa, Atenas, y la declararon su protectora.

Esta pirámide escalonada con la base cuadrada también destaca de manera espectacular, como una montaña artificial en medio de una selva. En esa selva rugían felinos feroces, que se sentían intimidados por los constructores de la pirámide. Por una pequeña puerta en la parte inferior, se accede a una escalera empinada, tan estrecha que apenas se puede pasar. Este pasadizo oscuro sube a una cámara secreta en la que un par de ojos brillantes reflejan la luz de las antorchas de los visitantes.

## ¿QUÉ HAY DENTRO?

**NOMBRE:**
Templo de Kukulcán,
o El Castillo

**UBICACIÓN:**
Chichén Itzá, norte
de la península de
Yucatán, México

**FECHA DE
CONSTRUCCIÓN:**
850

**ALTURA:**
Unos 30 metros.
El Trono del Jaguar
tiene medio metro
de altura

**MATERIALES:**
Piedra extraída
de canteras de
roca calcárea

**ACTUALMENTE:**
Se pueden visitar el
templo y el jaguar de
piedra, entre muchas
otras construcciones
en Chichén Itzá

**CURIOSIDAD:**
Cada una de las
cuatro escalinatas
tiene 91 escalones,
más uno en la
cima: un total
de 365 escalones,
uno por cada
día del año

Un trono rojo en forma de jaguar descansa en una cámara dentro de este templo maya. Los lunares y los ojos del jaguar están hechos con una piedra semipreciosa llamada jade. Los arqueólogos creen que este enorme templo fue erigido en agradecimiento a los dioses por proteger al pueblo maya de las tormentas, los terremotos, los cometas y demás catástrofes naturales. Este trono se hizo para Kukulcán, o Serpiente Emplumada, el Dios del Viento, uno de los creadores de la Tierra.

Si desde el templo maya emprendemos la vuelta al mundo, a medio camino encontramos otro tipo de templo, una construcción en forma de torre octogonal llamada pagoda. Unas campanillas cuelgan de los enormes aleros que sobresalen en cada uno de los cinco niveles principales, y unos leones de piedra vigilan la entrada. Esta pagoda y las estatuas de su interior fueron construidas para honrar al amado maestro que fundó una de las grandes religiones del mundo.

# ¿QUÉ HAY DENTRO?

**NOMBRE:**

Pagoda Sakyamuni o
La pagoda de madera

**UBICACIÓN:**

Templo de Fogong
(Palacio de Buda),
Yingxian, provincia
de Shanxi, China

**FECHA DE
CONSTRUCCIÓN:**

1056

**MATERIALES:**

Enteramente
construida con
madera sobre una
base de ladrillo
y pintada en ocre
y azul, con
pilares rojos.

**ALTURA:**

Unos 67 metros de
altura, divididos en
cinco pisos exteriores
y nueve plantas
interiores; la
estatua mide
unos 11 metros
de altura

**ACTUALMENTE:**

Expuesta durante
950 años a la lluvia,
el sol, los rayos y
los terremotos, la
pagoda tiene un
futuro incierto. Se
está trabajando en
su restauración y su
conservación.
Es Patrimonio Mundial
de la UNESCO

**CURIOSIDAD:**

No se usó ni un
solo clavo para su
construcción

Una gran estatua del famoso maestro y filósofo Siddharta Gautama Buddha (563-483 a. C.) se encuentra en la planta baja de este lugar de oración. En cada uno de los cuatro niveles superiores también hay tres budas sentados entre paredes llenas de pinturas murales, reliquias y escritos sagrados. Las pagodas solían erigirse como símbolos de protección contra las catástrofes naturales. Esta pagoda, una de las más altas y antiguas construcciones de madera del mundo, ha resistido muchos terremotos a lo largo de su historia casi milenaria.

Esta puerta tiene un arco en forma de herradura. Por este paso, las personas y los animales accedían a una extensa superficie rodeada de grandes murallas fortificadas construidas para proteger y defender a sus habitantes y sus magníficos edificios y tesoros de las invasiones enemigas.

## ¿QUÉ HAY DENTRO?

**NOMBRE:**
Puerta del Sol

**UBICACIÓN:**
Toledo,
Castilla-La Mancha,
España

**FECHA DE CONSTRUCCIÓN:**
Siglo XIV.
Es de estilo mudéjar,
el que crearon
los árabes que se
quedaron tras la
Reconquista

**MATERIALES:**
Ladrillo, cascajo,
y granito

**ACTUALMENTE:**
La gente todavía pasa
por la Puerta del Sol
para entrar y salir de
Toledo. La puerta es
monumento nacional,
y Toledo es Ciudad
Patrimonio de la
Humanidad

**CURIOSIDAD:**
La pequeña ventana
sobre el arco
se utilizaba para
enviar palomas
mensajeras

## ¡Una ciudad entera! Al otro lado del arco de la Puerta del Sol
se encuentra la ciudad amurallada de Toledo, fundada por los romanos y
más tarde capital del reino visigodo; conquistada por los moros y reconquis-
tada por los cristianos. Los árabes desarrollaron muchas formas arquitec-

tónicas propias, como el arco en forma de herradura que se ve en la puerta
de entrada. Aquí vemos al pintor El Greco (1541-1614), que vivió y trabajó
en Toledo durante la mayor parte de su vida, recorriendo con sus esbozos el
laberinto de calles bordeadas de casas con tejados rojos, iglesias y palacios.

Esta fortaleza, en forma de proa de galeón, rodeada de enormes murallas y torres se alza en la confluencia de dos ríos que forman un foso natural. El castillo contiene una sala del trono, y sus dependencias

están ricamente decoradas con obras de arte y mobiliario propios de las familias reales. Ha sido residencia de varios reyes de Castilla.

# ¿QUIÉN HAY DENTRO?

Isabel, esposa del rey Fernando, se prepara para salir con su cortejo desde el castillo hasta la iglesia cercana para la ceremonia de coronación donde será proclamada reina de Castilla. Años después, según la leyenda, Isabel empeñó sus joyas para financiar el primer viaje de Cristóbal Colón al otro lado del Atlántico. En este viaje, en 1492, Colón descubrió América y sus pueblos nativos, aunque él creyó que había llegado a la India.

Sin murallas defensivas, y construida en una concurrida avenida, esta torre con reloj, campanario y chapitel, se eleva muy por encima del edificio contiguo y domina una ciudad nueva. En el campanario está colgada la campana de la Libertad (Liberty Bell), y en el interior del edificio tuvo lugar un importante encuentro en 1776.

## ¿QUIÉN HAY DENTRO?

**NOMBRE:**
Independence Hall
(Sala de la
Independencia)

**UBICACIÓN:**
Filadelfia, Pensilvania,
Estados Unidos

**FECHA DE
CONSTRUCCIÓN:**
1732-1756.
El chapitel fue
añadido en 1828

**MATERIALES:**
Principalmente
ladrillo y madera

**ALTURA:**
51 metros

**ARQUITECTOS:**
Edmund Woolley,
Andrew Hamilton,
William Strickland
(chapitel)

**ACTUALMENTE:**
El Independence Hall
forma parte del
Independence
National
Historic Park, y es
Patrimonio
de la Humanidad

**CURIOSIDAD:**
La Liberty Bell,
colgada en 1753,
se agrietó, y fue
retirada en 1846.
Ahora está expuesta
en el Liberty
Bell Center

Aquí vemos a Benjamin Franklin (de pie en el centro) y los futuros presidentes americanos Thomas Jefferson (primero sentado a la derecha) y John Adams (de pie a la izquierda), hablando de la Declaración de Independencia de los Estados Unidos con otros miembros del comité de la declaración. Originalmente construido para ser la sede del gobierno colonial de Pensilvania, el Independence Hall es ahora conocido como la cuna de los Estados Unidos de América.

En lugar de un alto chapitel, este gran edificio circular de un pueble-
cito de Estados Unidos, está coronado por un cupulino sobre una cúpula
achaparrada de madera, y acoge muchas formas de vida.

## ¿QUÉ HAY DENTRO?

**NOMBRE:**
Granja Shaker

**UBICACIÓN:**
Hancock,
Massachusetts
Estados Unidos

**FECHA DE
CONSTRUCCIÓN:**
1826-1870

**MATERIALES:**
Piedra, ladrillo,
madera y cristal.
Las paredes tienen
un metro de espesor
y 6 metros de altura.
La granja tiene un
perímetro de
unos 82 metros

**ACTUALMENTE:**
La granja se
puede visitar en el
pueblo Hancock
Shaker Village

**CURIOSIDAD:**
Los shakers,
una comunidad
religiosa protestante,
diseñaban sus
propias herramientas,
muebles, y otros
objetos de uso
cotidiano. Sus
famosos diseños se
siguen reproduciendo

En esta granja circular viven caballos, vacas, ocas, gallinas y otros animales. Los animales viven en alas que se comunican entre sí en el nivel inferior de la granja junto al pajar. Las máquinas agrícolas y los carros se guardan en el nivel superior. La granja es circular para evitar los ángulos desaprovechados de las esquinas. Sus constructores, los shakers, estaban más interesados por el uso eficiente de los materiales que por los aspectos innecesarios o la decoración superflua.

Esta construcción de lona también es redonda y también alberga diversas formas de vida. El techo acaba en punta y está adornado con alegres banderolas. Se desmonta periódicamente, y se lleva a un nuevo emplazamiento para volver a montarla. La gente está esperando, con entradas en la mano.

## ¿QUÉ HAY DENTRO?

**NOMBRE:**

Carpa de circo

**UBICACIÓN:**

Los circos llegan a muchos pueblos y ciudades, y normalmente son ambulantes

**FECHA DE CONSTRUCCIÓN:**

Desde principios del siglo XVIII

**MATERIALES:**

Lona, mástiles de madera o metal, cuerda, y un suelo de serrín o de arena

**ARQUITECTO:**

Joshua Purdy Brown en 1825 introdujo el uso de la carpa para facilitar el desplazamiento de los circos de ciudad en ciudad con su propia estructura

**ACTUALMENTE:**

¡Sigue el espectáculo!

**CURIOSIDAD:**

Cada vez se usan menos las carpas de lona, y la tendencia es incluir menos números de animales

¡Un circo! Cuando el presentador hace restallar el látigo en el aire, empieza la música, los acróbatas vuelan como pájaros, los elefantes engalanados con lentejuelas ejecutan sus números, los tigres saltan a través de aros dorados, los caballos bailan, y los equilibristas actúan sobre la cuerda floja. Las carpas de circo, hechas con lona y mástiles para sostener el techo, pueden desmontarse y volverse a montar fácilmente en el siguiente emplazamiento. Tienen una forma circular para que el público pueda disfrutar de la función sin perder detalle.

Encajado entre los típicos rascacielos rectangulares de la gran ciudad, ¡este edificio también es circular! La gente viene aquí para contemplar obras famosas y valiosas colgadas en las paredes e iluminadas por un tragaluz abovedado.

## ¿QUÉ HAY DENTRO?

**NOMBRE:**
Museo Guggenheim

**UBICACIÓN:**
Quinta Avenida,
Nueva York,
Estados Unidos

**FECHA DE
CONSTRUCCIÓN:**
1959

**MATERIALES:**
Principalmente acero
y hormigón, y cristal
para la cúpula

**ARQUITECTO:**
Frank Lloyd Wright

**ACTUALMENTE:**
El museo es
visitado tanto por
su arquitectura
como por sus
obras de arte

**CURIOSIDAD:**
La intención del
arquitecto era que
los visitantes subiesen
en ascensor hasta
el último piso
y bajaran a pie por
la suave rampa
circular mientras
contemplaban las
obras expuestas

# ¡Centenares de pinturas! Las rampas en espiral permiten

a los visitantes del Museo Guggenheim subir o bajar poco a poco mientras contemplan las obras de arte en las paredes. Como el edificio es circular, las pinturas pueden verse desde muchos ángulos diferentes. Aquí vemos a unos colegiales mirando las obras de Picasso, Kandinsky y Klee. Aparte de su colección fija, este museo programa exposiciones temporales de artistas modernos y contemporáneos.

Cuando el Museo Guggenheim abrió sus puertas, al otro lado del mundo se
inició la construcción de este espectacular edificio, con vistas al puerto de una
ciudad. Junto al agua azul del océano, hace pensar en unas velas hinchadas
o en conchas marinas. La gente viene aquí especialmente a escuchar.

¿QUÉ HAY DENTRO?

**NOMBRE:**
Ópera de Sídney,
o Palacio de la
Ópera de Sídney

**UBICACIÓN:**
Bennelong Point,
Sídney,
Australia

**FECHA DE
CONSTRUCCIÓN:**
1959-1973

**MATERIALES:**
Hormigón pretensado
y cristal. Las velas
están revestidas
con azulejos. La
superficie total de
cristal es de 4 km²

**ARQUITECTO:**
Jorn Utzon

**ACTUALMENTE:**
La Ópera es el
monumento más
emblemático de
Sídney y
el palacio de
la música, la ópera
y el teatro. Fue
declarada Patrimonio
de la Humanidad
en el 2007

**CURIOSIDAD:**
A causa de su diseño
tan complejo, se
tardó doce años en
construir este
Palacio de la Ópera.

¡Música! Aquí, la reina Isabel del Reino Unido de Gran Bretaña, sentada en el palco real, asiste a la gala de inauguración de la Ópera de Sídney en que se interpretó la Novena Sinfonía de Beethoven. El arqui-

tecto diseñó las esculturales bóvedas para albergar las distintas salas de concierto y de teatro de este extenso edificio. Desde entonces se ha convertido en el símbolo visual más famoso de la ciudad australiana.

Estos dos rascacielos también son un símbolo de su ciudad. Parecen un
templo enorme o dos gigantescas pagodas idénticas, y rebosan de acti-
vidad, como si se tratara de una ciudad vertical con ascensores que no
cesan de subir y bajar.

¿QUÉ HAY DENTRO?

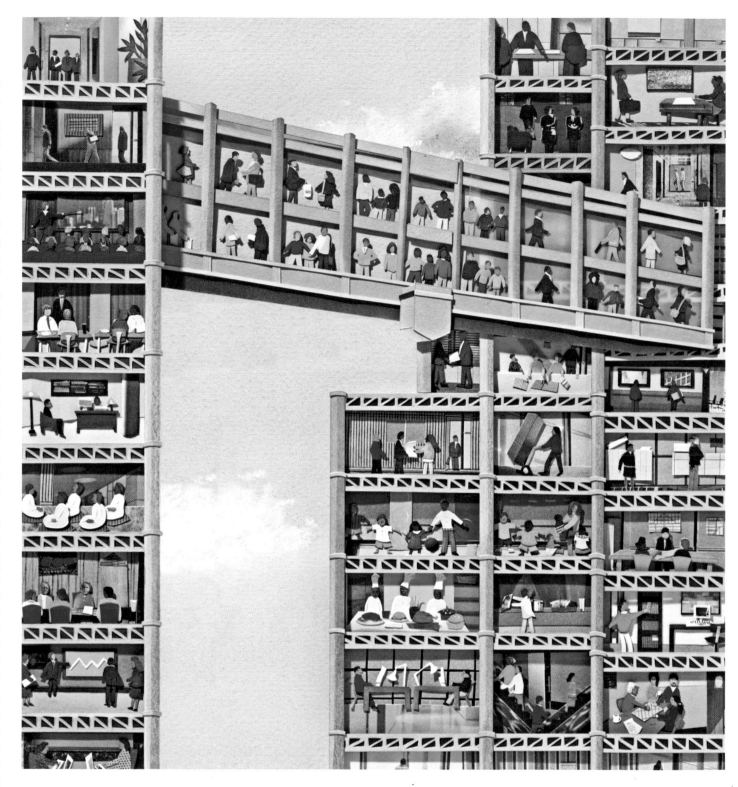

**NOMBRE:**
Torres Petronas

**UBICACIÓN:**
Kuala Lumpur, Malasia

**FECHA DE CONSTRUCCIÓN:**
1996

**MATERIALES:**
Principalmente hormigón, acero y vidrio

**ARQUITECTO:**
César Pelli

**ALTURA:**
452 metros (hasta el 2003 fue el edificio más alto del mundo) con 88 plantas y 32.000 ventanas

**ACTUALMENTE:**
Los visitantes pueden cruzar el puente, el Sky Bridge, que conecta los rascacielos. En total cuentan con 270 tiendas, una sala de conciertos de 840 localidades, cines y un restaurante giratorio. Más de 20.000 personas trabajan en las Torres Petronas

**CURIOSIDAD:**
El plano de las torres está basado en un diseño geométrico islámico que simboliza unidad, armonía, estabilidad y racionalidad

## ¡Miles de personas! Trabajando en cada planta en centenares de oficinas, viendo películas en cines, asistiendo a conciertos, comiendo en el restaurante giratorio de la última planta, sin dar tregua a los numerosos ascensores. Las Torres Petronas, de las más altas del mundo, están unidas por un puente que comunica los pisos cuarenta y uno con el cuarenta y dos, formando un solo edificio. Estos rascacielos malasios hacen parecer pequeño el monorraíl que llega a las torres desde muy lejos.

Diseñado en forma de barco rompiendo las olas, este edificio fue construido en una ciudad alejada del mar, sin embargo su interior está en gran parte lleno de agua.

¿QUÉ HAY DENTRO?

**NOMBRE:**
Acuario de Georgia

**UBICACIÓN:**
Atlanta, Georgia,
Estados Unidos

**FECHA DE CONSTRUCCIÓN:**
2004-2005.
Fue construido
en 27 meses

**MATERIALES:**
Principalmente acero,
cristal y hormigón

**ARQUITECTOS:**
Ventulett, Stainback y
Asociados

**ACTUALMENTE:**
Los visitantes pueden
caminar por un túnel
de unos 30 metros
dentro del acuario,
¡como si estuvieran
bajo el mar!

**CURIOSIDAD:**
El acuario de cristal
principal pesa
328 toneladas y
contiene 30 millones
de litros de agua

Más de cien mil criaturas marinas nadan, se arrastran y flotan en millones de litros de agua en el Acuario de Georgia, en Atlanta. Las formas de vida que aparecen en las gigantescas peceras incluyen hambrientos tiburones ballena, graciosas ballenas beluga, leones marinos, pulpos gigan-

tes, calamares, peces víbora, peces globo, tortugas, langostinos e innumerables y minúsculos caracoles. Aquí vemos dos tiburones ballena en el acuario Ocean Voyager, nadando junto a dos tipos de rayas, peces martillo, peces sierra, un banco de jureles dorados y varios peces napoleón.

En la calle de esta ciudad puedes ver detalles arquitectónicos que aparecen en los edificios del presente libro. Busca los arcos, columnas, frontones, escaleras, aleros, un cupulino, una torre iluminada...

¿Adivinas qué hay dentro de la habitación iluminada?

# GLOSARIO DE TÉRMINOS ARQUITECTÓNICOS

**ACRÓPOLIS**

En griego, «ciudad elevada». Es el lugar prominente donde se encuentran los templos y edificios públicos más importantes.

**ALCÁZAR**

Proviene del árabe *al-qasr*, recinto fortificado o palacio.

**ALERO**

Parte inferior de un tejado que sobresale de la pared y sirve para desviar las aguas de la lluvia y hacer sombra. Los aleros de las pagodas suelen sobresalir bastante más que los de otras estructuras y requieren unos soportes llamados *dougong*, a menudo esculpidos y pintados.

**ARCO**

Soporte curvo encima de una abertura para desplazar el peso de arriba hacia los lados. El arco fue creado por los romanos y era desconocido por los griegos y los mayas. Un ejemplo posterior es el arco en forma de herradura, que se ensancha después de empezar la curva y se estrecha hasta la punta, redonda o puntiaguda.

**CALIZA**

Roca sedimentaria utilizada a lo largo de la historia como material de construcción. Está formada por la acumulación de conchas, coral, fósiles, arena y limo que constituye la calcita. Su color varía del blanco al gris y al ocre.

**CÁMARA**

Espacio cerrado, a veces secreto, como la cámara de la tumba del rey Tutankamón.

**CAMPANARIO**

Lugar alto de una torre donde cuelgan las campanas.

**CHAPITEL**

Parte superior de una torre, de base piramidal y generalmente sin ventanas. En la punta suele haber una veleta o un símbolo religioso.

**COLUMNA**

Elemento arquitectónico vertical que se utiliza como apoyo de techumbres, arcos, etc. Las columnas dóricas del Partenón están divididas en 10-12 secciones llamadas tambores. *Dórico* se refiere al estilo de esas columnas, estriadas y sin base.

**CRIPTA**

Espacio subterráneo utilizado para acoger una tumba, unas reliquias y a veces objetos preciosos. El techo está abovedado.

**CÚPULA**

Bóveda semiesférica con que se cubre un edificio o parte de él. A veces con vitrales, o cristal, para dejar entrar la luz natural.

**CUPULINO**

Pequeña cúpula semiesférica, de base cuadrada o hasta octogonal, que se coloca encima de otra mayor, o sobre un chapitel de una iglesia o una casa señorial, y a menudo en la punta tiene algún símbolo religioso o una veleta. Tiene ventanas o respiraderos para que pueda entrar la luz o circular el aire.

**FORTALEZA**

Un recinto fortificado construido con finalidades defensivas.

**FOSO**

Zanja profunda y alargada con o sin agua, que rodea las murallas del castillo, dificultando el acceso a los invasores. El Alcázar de Segovia tiene dos fosos, uno formado por la confluencia de dos ríos, y el otro artificial.

## FRONTÓN

En la arquitectura del templo griego, es la parte superior triangular en una fachada o pórtico. Reposa sobre una entabladura y lo sostienen unas columnas.

## GALEÓN

Velero español con velas cuadradas propio del siglo XV, usado para el comercio, la guerra y la exploración. Tiene el aspecto de un castillo flotante.

## MÁRMOL PENTÉLICO

El mármol es una variedad de piedra caliza. Se utiliza en la arquitectura y la escultura por su gran belleza y resistencia. El mármol pentélico, usado en la construcción del Partenón, proviene de unas canteras del monte Pentélico en el Ática, la región griega a la que pertenece Atenas.

## MURALLA

Un muro de altura y espesor variables, hecho de piedra o de ladrillo, que rodea un castillo, una fortaleza o una ciudad, construido como defensa o para delimitar la frontera.

## PAGODA

Edificio en forma de torre con varios pisos superpuestos, separados por tejados con grandes aleros, y construido con madera, ladrillo o piedra; puede ser de base redonda, cuadrada o poligonal. Es tradicional de la arquitectura budista de China, Tíbet, Japón y otros países del sudeste asiático. La pagoda es una evolución de las antiguas *stupas* budistas indias. Las primeras pagodas chinas constituían la estructura central del conjunto de los templos y albergaban estatuas, reliquias, o escritos sagrados. Posteriormente, las pagodas podían construirse dentro o fuera de los templos.

## PALACIO

Residencia de un rey, una reina, u otro personaje de alto cargo. Es más lujoso y residencial que un castillo y generalmente está ubicado en una zona urbana.

## PIRÁMIDE

Una enorme estructura de piedra con base cuadrada. Las pirámides escalonadas tienen cuatro lados que parecen escaleras gigantes que se unen en la punta. Estas pirámides son corrientes en la arquitectura maya, y también fueron construidas en el antiguo Egipto.

## PUERTA

Entrada a una población, que antiguamente era una abertura en la muralla. Puede ser sencilla, decorada, o conmemorativa del lugar al que lleva.

## SANTUARIO

Es la parte más sagrada de un templo o de cualquier otro edificio religioso. Suele estar ubicado en el centro de la construcción.

## TEMPLO

Edificio o lugar sagrado de oración donde se veneran una o varias divinidades, generalmente representadas en forma de imágenes.

## TORRE

Una construcción más alta que los edificios que la rodean, que puede estar sola o junto a un edificio o un castillo. Puede tener un reloj o un campanario, tener en lo alto un cupulino o un chapitel, y escaleras en el interior. Un rascacielos es una torre moderna de muchos pisos, un lugar donde se vive o se trabaja, y que necesita ascensores para llevar a la gente de un piso a otro.

## TORRE DEL HOMENAJE

Es la parte más alta y segura de un castillo medieval. En ella se instalaban las estancias principales cuando el castillo estaba sitiado. También podía usarse como prisión.

*Para Abby, Claire, Eleanor,*
*Ian, Kazumi y Takeshi*

Queda rigurosamente prohibida, sin la autorización escrita
de los titulares del copyright, bajo las sanciones establecidas
por las leyes, la reproducción parcial o total de esta obra
por cualquier medio o procedimiento, comprendidos la reprografía
y el tratamiento informático, y la distribución de ejemplares
mediante alquiler o préstamo públicos.

Título original: WHAT'S INSIDE? FASCINATING STRUCTURES AROUND THE WORLD
© Giles Laroche, 2009
Publicado con el acuerdo especial de Houghton Mifflin Harcourt Publishing Company

© EDITORIAL JUVENTUD, S. A., 2010
Provença, 101 - 08029 Barcelona
info@editorialjuventud.es
www.editorialjuventud.es

Traducción de Christiane Reyes y Teresa Farran
Primera edición, 2010
Depósito legal: B. 46.561-2009
ISBN 978-84-261-3769-2
Núm. de edición de E. J.: 12.223
*Printed in Spain*
Anman, c/ Llobateres, 16-18 - Barberà del Vallès, Barcelona

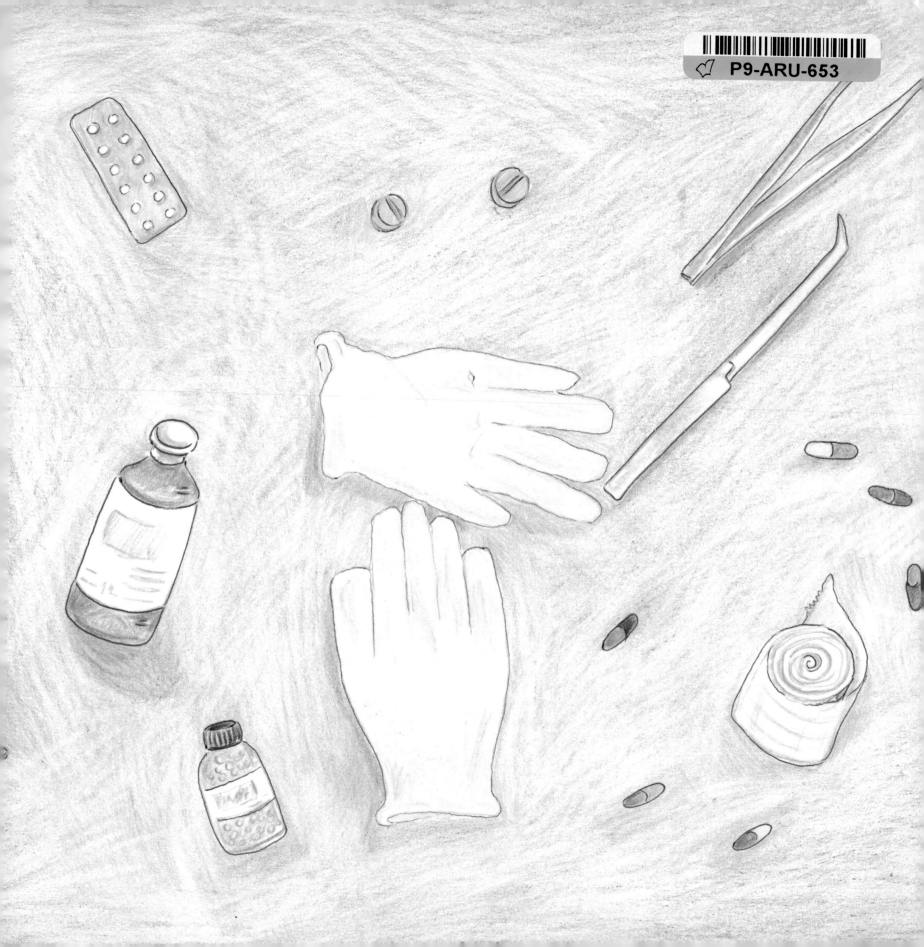

P9-ARU-653

À Thomas

© 2006, l'école des loisirs, Paris
Loi numéro 49 956 du 16 juillet 1949 sur les publications
destinées à la jeunesse : septembre 2006
Dépôt légal : septembre 2006
Imprimé en France par Jean Lamour à Maxéville

Charlotte Sjöstrand

# UNE PATTE DANS LE PLÂTRE

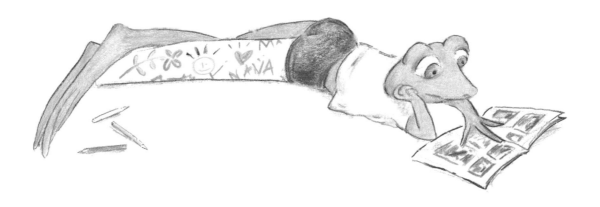

l'école des loisirs
11, rue de Sèvres, Paris 6ᵉ

Un jour, Grenadine tomba et se fit très mal à la patte.

Comme elle pleurait, son ami le mille-pattes lui dit :
« Ne t'inquiète pas, il m'est arrivé la même chose des milliers de fois.
Nous allons t'emmener à l'hôpital des animaux, tout se passera bien,
tu verras. »

C'est les parents de Grenadine qui la conduisirent à l'hôpital.

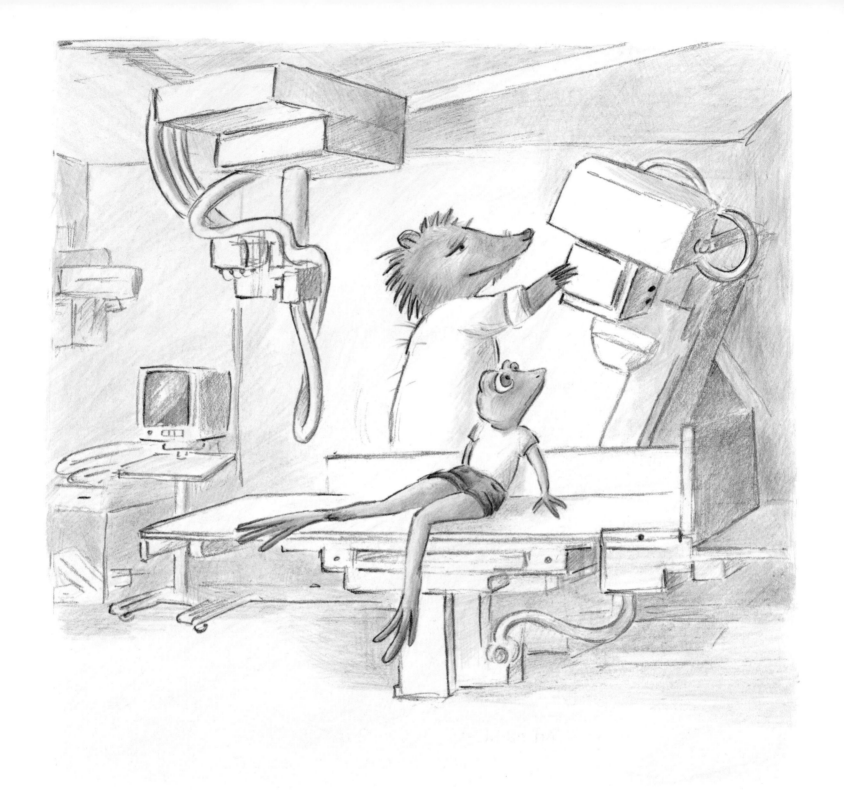

On lui fit une radio de la patte.

« La patte est cassée », déclara le docteur Lapin.
« Il va falloir plâtrer. »

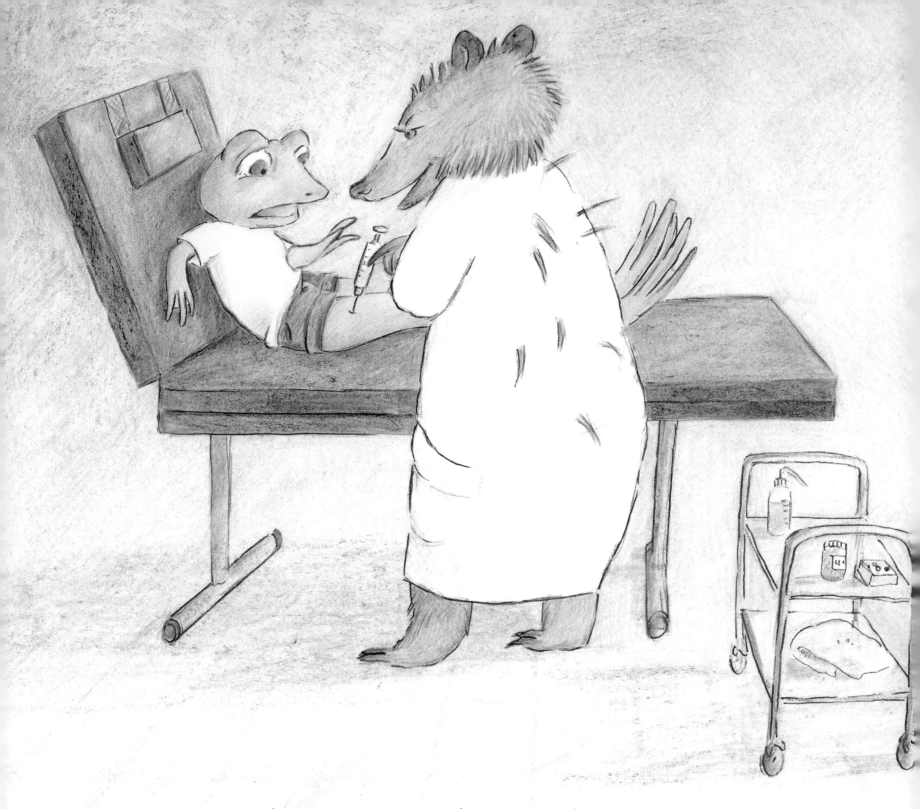

L'infirmière Hérisson fit à Grenadine une piqûre
pour calmer la douleur.

Puis le docteur remit la patte en place et,
pour la maintenir bien droite, il l'entoura d'une bande de plâtre.

« Vous pouvez rentrer chez vous », dit l'infirmière Hérisson.
« Rendez-vous dans un mois pour retirer le plâtre. »

Un mois, c'est long !
Les premiers jours, Grenadine ne pouvait même pas
se tenir debout, tellement elle avait mal à sa patte.
Ses parents lui offrirent des livres et des crayons de couleur
pour qu'elle ne s'ennuie pas trop.

Puis tous ses amis vinrent lui rendre visite.
Eux aussi lui offrirent plein de petits cadeaux.
Et avec les crayons de couleur, ils écrivirent chacun
leur nom sur le plâtre de Grenadine.

Mais certains après-midi étaient
plus tristes que d'autres.
Par exemple, ceux où toutes les
grenouilles se rendaient à la baignade.
« Ce sera bientôt terminé »,
la consolait sa maman.

Un jour, enfin, elle annonça :
« Demain ce sera terminé.
Demain nous allons à l'hôpital
faire retirer ton plâtre. »

En découpant le beau plâtre de Grenadine, le docteur Lapin remarqua :
« C'est presque dommage de devoir l'enlever ! »

Mais Grenadine ne trouvait pas ça dommage du tout.
Elle était ravie de pouvoir enfin se gratter la patte.

«Au revoir, Grenadine», dit le docteur Lapin.
«Et la prochaine fois, regarde où tu mets les pieds!»
Et, comme il ne regardait pas devant lui, il tomba…

… et se fit très mal au bras.
Par bonheur, on était dans un hôpital.
L'infirmière Hérisson fit au docteur Lapin une piqûre
pour calmer la douleur.

« Ne vous inquiétez pas », dit Grenadine, « ça m'est arrivé aussi, tout se passera bien, vous verrez ! »

Et Grenadine fut la première à décorer le plâtre du docteur !

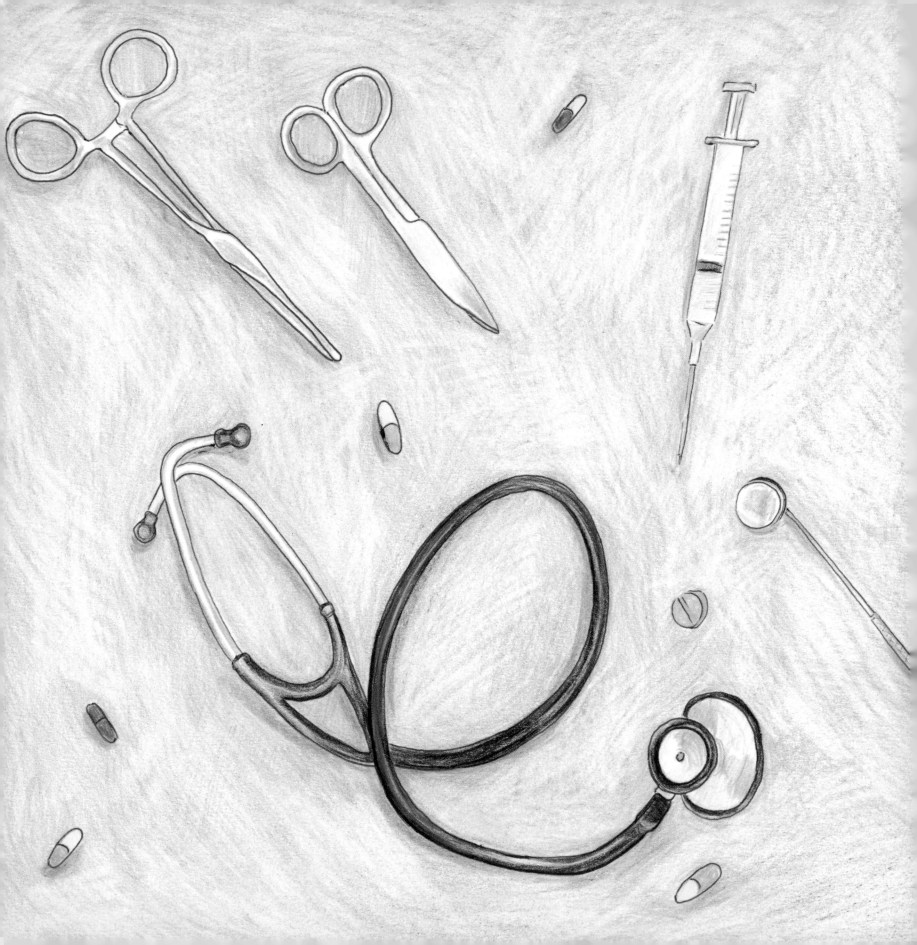